# Lidia Pa

## Én...

Illustrations de **Roberto Luciani**

Rédaction : Domitille Hatuel, Cristina Spano
Conception graphique : Nadia Maestri
Mise en page : Simona Corniola
Recherches iconographiques : Laura Lagomarsino

© 2006  Cideb Editrice, Gênes

Première édition : mai 2006

Crédits photographiques :
O. T. Périgueux : pages 5 hd et 7 ; Tourisme d'Aquitaine/CRTA/
J.-J. Brochard : pages 5 b, 6 et 51.

Vous trouverez sur les sites www.cideb.it et www.blackcat-cideb.com
(espace étudiants et enseignants) les liens et adresses Internet utiles
pour compléter les dossiers et les projets abordés dans le livre.

Pour toute suggestion ou information, la rédaction peut être
contactée à l'adresse suivante :
redaction@cideb.it
www.cideb.it

CISQ CISQ CERT
TEXTBOOKS AND
TEACHING MATERIALS
The quality of the publisher's
design, production and sales processes has
been certified to the standard of
UNI EN ISO 9001

ISBN 978-88-530-0509-0  livre
ISBN 978-88-530-0508-3  livre + CD

Imprimé en Italie par Litoprint, Gênes

# Sommaire

Le texte est intégralement enregistré.

Ce symbole indique les exercices d'écoute et le numéro de la piste.

DELF   Les exercices qui présentent cette mention préparent aux compétences requises pour l'examen.

# Bienvenue en
## *Périgord !*

Périgord : les quatre visages de la Dordogne

Le territoire qu'on appelle habituellement Périgord constitue en réalité les quatre facettes du département de la Dordogne, situé dans le Sud-Ouest de la France et intégré en grande partie au Bassin aquitain.

Troisième département français par son étendue, la Dordogne est généralement divisée en quatre parties : le **Périgord vert**, le pays des prairies, le **Périgord blanc**, avec son calcaire blanc, le **Périgord pourpre**, appelé ainsi pour ses vignobles, et le **Périgord noir**, avec ses nombreuses forêts.

Ses principales villes sont : Périgueux, chef-lieu du département, Bergerac, Sarlat, Nontron, Terrasson et Ribérac.

• Nontron

• Brantôme
• Bourdeilles

■ **Périgueux**

• Montignac

• Bergerac

• Sarlat

Les témoignages du passé

Le Périgord compte de nombreux sites archéologiques datant de la préhistoire, tels que les grottes de Lascaux et de Rouffignac, qui témoignent que cette partie du territoire français, comme le Sud-Ouest de la France en général, est peuplée depuis très longtemps.

Les peintures rupestres des grottes du Périgord sont vieilles de plus de 15 000 ans. Ce sont les plus anciens témoignages connus de l'art préhistorique. On trouve également dans cette région des vestiges de l'Antiquité, comme par exemple l'amphithéâtre d'origine romaine situé dans l'enceinte de la ville de Périgueux.

En outre, il y a en Dordogne un grand nombre de châteaux qui ont été construits entre le XIe et le XVIIIe siècle. Voilà pourquoi les châteaux que nous visitons aujourd'hui représentent souvent différents courants architecturaux.

Périgueux : la tour Vésone.

Vallée de la Dordogne à Castelnaud.

Édifiées aux XIII<sup>e</sup> et XIV<sup>e</sup> siècles et situées dans le Sud-Ouest du département, les bastides rappellent l'affrontement entre le roi d'Angleterre et le comte de Toulouse.

Cette région a en effet été le théâtre de conflits sanglants : d'abord la guerre franco-anglaise de Cent ans, ensuite les luttes entre les catholiques et les huguenots.

Il reste aujourd'hui des fragments de remparts, des donjons et des bastides qui témoignent de ces époques.

Sarlat

La caractéristique principale d'une bastide est son plan géométrique articulé autour d'une place.

Bastide de Monpazier : la place des Cornières.

Périgueux : la cathédrale Saint-Front.

## Un paradis pour les vacanciers

Le Périgord est caractérisé par une harmonie unique des paysages. Avec ses panoramas infinis, ses eaux limpides, ses chemins paisibles et sa bonne cuisine, c'est une destination idéale pour ceux qui désirent se détendre et qui recherchent un coin où il fait bon vivre.

Chef-lieu du Périgord et haut lieu gastronomique, Périgueux renferme les vestiges de la ville romaine de Vésone (un temple, la tour de Vésone, une riche villa et un grand amphithéâtre). L'ancienne cathédrale Saint-Étienne est une église à coupoles située dans la ville. La cathédrale Saint-Front, avec sa silhouette caractéristique aux dix-sept clochetons, se trouve dans l'ancien bourg de Puy-Saint-Front, récemment restauré.

Dans les rues de Périgueux, on peut également admirer de beaux édifices du Moyen Âge et de la Renaissance.

Le musée du Périgord est l'un des plus riches en France en matière d'archéologie et d'histoire. On y trouve des vestiges du site romain de Vésone ainsi que le squelette, découvert près de Montignac, d'un homme de Néanderthal qui date de 70 000 ans environ avant J.-C.

Étape importante pour les gourmets, Brantôme possède de magnifiques jardins donnant sur la rivière Dronne, ainsi qu'une ancienne abbaye dont le clocher, qui remonte au XIe siècle, est coiffé d'un toit pyramidal. Les grottes, situées près du cloître, abritent des sculptures dans le roc.

Bourdeilles est une charmante petite ville située sur la Dronne, caractérisée par un étroit pont gothique, un vieux moulin et un château du XIIIe siècle qui domine la rivière.

Le Périgord est très réputé pour sa gastronomie, en particulier pour ses vins, ses foies gras d'oie ou de canard, ses cèpes et ses truffes, considérées comme les diamants noirs de la cuisine.

**1** Lisez attentivement le dossier et répondez aux questions.

1 Quelles sont les quatre couleurs qui caractérisent le Périgord ? Pourquoi ?

.......................................................................................................

.......................................................................................................

2 Dans le Périgord, comment s'appellent les deux grottes les plus connues ?

.......................................................................................................

.......................................................................................................

3 Je suis caractérisée par mon plan géométrique articulé autour de la place du marché. Je suis la ................................................... .

4 Qu'a-t-on découvert près de Montignac ?

.......................................................................................................

.......................................................................................................

5 À quoi sont comparées les truffes ?

.......................................................................................................

.......................................................................................................

# CHAPITRE 1

# La Plage des Saules Pleureurs

**B**runo et Ludovic ont quinze ans. Ils sont jumeaux et
habitent à Paris. Comme tous les étés, ils vont à la
campagne, dans le Périgord, passer trois semaines de
vacances chez leurs grands-parents.

Ils adorent ça. Ils se sentent libres, libres d'aller à la
découverte de la nature, de vivre mille aventures, de profiter de
tout ce qu'ils n'ont pas la possibilité de faire dans une grande
ville comme Paris : sortir seuls jusqu'à tard le soir, jouer en plein
air avec leurs amis, observer la nature, s'approcher des animaux
et monter sur les arbres !

Leurs grands-parents habitent à Brantôme, dans une maison
entourée d'un beau jardin. Tout autour, il y a des prés, des bois,

un torrent et un petit lac où Bruno et Ludovic vont souvent se baigner.

Ce qu'ils aiment en particulier, c'est une sorte de petite plage avec de beaux saules pleureurs qui offrent une agréable fraîcheur : c'est le point de rencontre préféré avec leurs copains. Au milieu des arbres, ils ont construit avec des branches une petite cabane qu'ils considèrent comme leur refuge, le lieu où ils rêvent et où ils organisent leurs « expéditions » !

Le matin, Bruno et Ludovic se réveillent habituellement vers neuf heures. Ils prennent leur petit-déjeuner et sortent immédiatement : pas question de faire la grasse matinée ni de perdre du temps ! Cette semaine, ils vont construire une nouvelle cabane, un peu plus à l'abri du soleil. L'été, il fait très chaud dans cette région !

Presque tous les jours, ils ont rendez-vous avec leurs amis pour passer la matinée et l'après-midi ensemble. Ils rentrent chez eux vers une heure pour déjeuner et repartent aussitôt. Parfois, ils sortent même après le dîner, jusqu'à onze heures du soir !

Quelle liberté !! Ils sont toujours tristes quand arrive le moment de rentrer à Paris, mais ils ne veulent pas y penser pour l'instant : ils sont encore au début de leur séjour !

# Compréhension écrite et orale

DELF **1** Écoutez l'enregistrement du chapitre et dites si les affirmations suivantes sont vraies (V) ou fausses (F).

|  | V | F |
|---|---|---|
| 1 Bruno et Ludovic sont frères. | ☒ | ☐ |
| 2 Leurs grands-parents habitent à Paris. | ☐ | ☒ |
| 3 Ils passent leurs vacances d'été chez leurs grands-parents. | ☒ | ☐ |
| 4 À Paris, ils ont la possibilité de faire des activités amusantes. | ☐ | ☒ |
| 5 Leurs parents habitent dans un appartement avec un petit jardin. | ☐ | ☒ |
| 6 Le matin, ils se lèvent habituellement à huit heures. | ☐ | ☒ |
| 7 Ils ne prennent jamais de petit-déjeuner. | ☐ | ☒ |
| 8 Ils n'ont pas le droit de sortir le soir. | ☐ | ☒ |

**2** Lisez le chapitre et répondez aux questions suivantes.

1 Quel âge ont Bruno et Ludovic ?
...Quinze ans...

2 Combien de temps passent-ils chez leurs grands-parents ?
...3 semaines...

3 Qu'est-ce qu'ils aiment faire quand ils sont en vacances ?
...............

4 Qu'est-ce qu'il y a près de la maison de leurs grands-parents ?
...Une forêt et une lac...

5 Qu'est-ce qu'ils aiment en particulier ?
...............

6 Qu'est-ce qu'ils ont construit ?
...............

7 Avec qui ont-ils rendez-vous presque tous les jours ?
...............

8 À quelle heure rentrent-ils pour déjeuner ?
...............

# Enrichissez votre **vocabulaire**

**1** Associez chaque expression à sa signification.

1 [c] En plein air.
2 [a] Pas question de perdre du temps.
3 [b] Faire la grasse matinée.
4 [d] Ils sont encore au début de leur séjour.

a Ils veulent profiter au maximum de leur temps.
b Se lever très tard.
c Leurs vacances viennent de commencer.
d Dehors.

**2** À l'aide de l'encadré, écrivez les mots qui correspondent aux dessins.

> une maison   une cabane   des jumeaux   une plage
> un saule pleureur   une branche

1 jumeaux
2 maison
3 saule pleureur
4 branche
5 cabane
6 plage

# Grammaire

## Les adjectifs possessifs

| Masculin singulier | Féminin singulier | Masc. / Fém. pluriel |
|---|---|---|
| mon | ma | mes |
| ton | ta | tes |
| son | sa | ses |
| notre | notre | nos |
| votre | votre | vos |
| leur | leur | leurs |

**Attention !** Au féminin singulier, on utilise **mon, ton, son** au lieu de **ma, ta, sa** devant une voyelle ou un **h** muet.

*Mon activité préférée est la lecture.*

*C'est **son** habitation.*

**1** Complétez les phrases suivantes avec les adjectifs possessifs qui conviennent.

1  Tu connais Aline ? ................ mère est professeur de maths.
2  Je te montre ................ nouveau jean.
3  Je vous présente ................ amie Valérie.
4  Nous ne pouvons pas sortir, ................ parents ne veulent pas.
5  Monsieur, ................ passeport, s'il vous plaît !
6  Ils seront punis à cause de ................ comportement.
7  Tu peux me prêter ................ lunettes de soleil, s'il te plaît ?
8  Les Dupont ? ................ enfants sont terribles.

# Production écrite

**DELF 1** Vous passez vos vacances à la campagne comme Bruno et Ludovic. Écrivez une lettre à des amis pour raconter vos journées.

CHAPITRE **2**

# Un rendez-vous
# pas comme les autres

ujourd'hui, on est le 12 juillet. Il est neuf heures et demie du matin. Bruno et Ludovic sont en train d'aller au rendez-vous à la petite plage des saules pleureurs, où ils ont rendez-vous avec leurs amis. Pour y arriver, ils parcourent un petit chemin bordé d'un côté de haies[1] très épaisses, et de l'autre d'arbres et d'arbustes épineux.

Ils sont en train de bavarder lorsque, tout à coup, ils entendent des voix. Ils se retournent mais ils ne voient personne le long du chemin. Ils arrêtent de parler et écoutent : ils entendent encore des voix. Ils regardent à travers les haies, mais ils ne distinguent

---

1.  **La haie** : clôture d'arbres ou d'arbustes qui limite un champ.

pas grand-chose. Ils se déplacent un peu, et ils trouvent finalement une partie de la haie qui est un peu moins épaisse. Ils aperçoivent trois hommes. Mais qu'est-ce qu'ils font ? L'un d'entre eux est en train de travailler avec une pelle. Ils le voient bien : il doit avoir une cinquantaine d'années, il a les cheveux gris

et porte des lunettes. Il y a aussi un autre homme, grand, fort, avec des cheveux noirs, une barbe et des moustaches. Le troisième est de dos : Bruno et Ludovic ne peuvent pas bien le voir. Il est plus petit que les deux autres et a les cheveux gris. Sa voix est très rauque.

— Tu as vu, Bruno ?

— Oui, mais tais-toi, sinon on va nous voir ! Essayons de comprendre ce qu'ils sont en train de faire...

Les trois hommes ont creusé [1] un trou. Ils jettent quelque chose à l'intérieur, et le rebouchent. Les deux frères n'arrivent pas à voir, mais ils entendent quelques bribes [2] de conversation :

— Voilà, c'est fait !

— On peut y aller maintenant...

— Quand est-ce qu'on se voit ?

— Ce soir.

— D'accord, après onze heures ?

— Oui, même endroit que d'habitude.

— À ce soir.

Bruno et Ludovic se regardent :

— Mais qu'est-ce qui se passe ??

— Je n'en sais rien.

— Qu'est-ce qu'ils ont pu enterrer ? Un trésor, des armes, un cadavre ?

— On va voir ?

— Pas tout de suite. On va raconter aux autres et on revient plus tard.

— Ok, c'est mieux...

Ils s'en vont à toute vitesse, et ils arrivent à la petite plage en moins de dix minutes. Ils veulent vite tout raconter à leurs amis !

1. **Creuser** : faire un trou dans la terre.
2. **Des bribes** : des parties de conversation.

# Compréhension écrite et orale

DELF **1** Écoutez l'enregistrement du chapitre, puis cochez la bonne réponse.

1 Le chemin que parcourent Bruno et Ludovic
   a ☐ est bordé de haies des deux côtés.
   b ☒ est bordé de haies d'un côté.
   c ☐ n'est pas bordé de haies.

2 Pendant qu'ils marchent,
   a ☐ ils entendent des bruits étranges.
   b ☒ ils entendent des voix.
   c ☐ ils n'entendent rien.

3 À travers les haies, ils voient
   a ☒ trois hommes.
   b ☐ quatre hommes.
   c ☐ cinq hommes.

4 Ils voient très bien tous les hommes sauf
   a ☒ un.
   b ☐ deux.
   c ☒ trois.

5 Les hommes sont en train de
   a ☒ planter un chou.
   b ☐ creuser un trou.
   c ☐ cueillir des fruits.

6 Ils se donnent rendez-vous
   a ☐ à l'heure du dîner.
   b ☐ après dix heures.
   c ☒ après onze heures.

7 Après avoir vu les hommes, les deux garçons
   a ☐ rentrent chez eux.
   b ☒ retrouvent leurs amis.
   c ☐ se mettent à crier.

DELF **2** Dites si les affirmations suivantes sont vraies (V) ou fausses (F). Justifiez votre réponse.

|   |   | V | F |
|---|---|---|---|
| 1 | L'action se passe le matin. | ☐ | ☐ |

...........................................................................

| 2 | Pour observer les hommes, les deux garçons sautent par-dessus la haie. | ☐ | ☐ |

...........................................................................

| 3 | Tous les hommes portent des lunettes. | ☐ | ☐ |

...........................................................................

| 4 | L'un des hommes a les cheveux noirs. | ☐ | ☐ |

...........................................................................

| 5 | Les hommes cachent quelque chose. | ☐ | ☐ |

...........................................................................

| 6 | Les deux garçons n'ont pas envie de tout raconter. | ☐ | ☐ |

...........................................................................

**3** Observez ces dessins et dites lequel peut correspondre à l'un des hommes cités dans le chapitre.

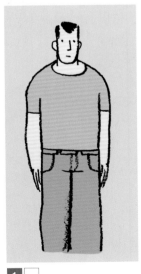 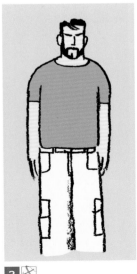 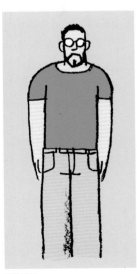

1 ☐   2    3 ☐

# Enrichissez votre **vocabulaire**

**1** Retrouvez dans le chapitre les mots qui correspondent aux images suivantes.

1 [　　　　　　　]    2 [　　　　　　　]    3 [　　　　　　　]

4 [　　　　　　　]    5 [　　　　　　　]    6 [　　　　　　　]

## Grammaire

Le présent continu

Formation du présent continu

sujet + *être* + **en train de** + infinitif

*Je* **suis en train de** *lire.*

*Tu* **es en train de** *manger.*

*Il* **est en train de** *regarder la télé.*

*Nous* **sommes en train de** *faire nos devoirs.*

*Vous* **êtes en train de** *parler.*

*Ils* **sont en train de** *dormir.*

**1** Transformez les phrases au présent continu.

1  Il téléphone à ses amis.

    ......................................................................................................

2  Elle range sa chambre.

    ......................................................................................................

3  Ils surfent sur Internet.

    ......................................................................................................

4  Nous préparons un gâteau.

    ......................................................................................................

5  Vous chantez une belle chanson.

    ......................................................................................................

6  Je bois une tasse de thé.

    ......................................................................................................

7  Tu dis des bêtises !

    ......................................................................................................

8  Ils font des exercices de maths.

    ......................................................................................................

## Production orale

DELF **1** Présentez un(e) camarade de classe ou un(e) ami(e) à l'aide du vocabulaire proposé.

- Grand(e), petit(e), de taille moyenne.
- Gros(se), mince, maigre.
- Cheveux noirs, châtains, blonds, roux, longs, courts, mi-longs, frisés, raides.
- Yeux noirs, bleus, verts.

# CHAPITRE 3

# Sur le lieu du crime

h, vous êtes là !! On se demandait s'il fallait vous
attendre encore ou non...

— Oui, nous sommes en retard mais nous avons
quelque chose d'intéressant à vous raconter !

— C'est vrai ou vous avez inventé quelque chose pour vous
faire pardonner ?

— C'est vrai, c'est vrai, venez...

Jean et Paul sont les meilleurs amis de Bruno et Ludovic. Ils
ont quinze ans eux aussi. Ils habitent à Toulouse pendant toute
l'année et sont dans la même classe. Ils se connaissent tous
depuis l'enfance.

Les jumeaux racontent alors ce qu'ils ont vu et leurs amis les
écoutent avec attention.

— Qu'est-ce que vous dites d'aller voir le « lieu du crime » ? dit
Bruno.

— Bien sûr, répond Paul. Je suis très curieux...

— Et si c'est dangereux ? fait remarquer Jean.

— Si on y va tous ensemble, je pense qu'il n'y a pas de problème, propose Ludovic.

Nos quatre amis se mettent en chemin. Ils arrivent à l'endroit où Bruno et Ludovic ont vu les trois hommes. Ils trouvent un passage dans la haie et finissent dans un champ à moitié cultivé. À un certain endroit, la terre est retournée : un trou assez grand a été creusé. Ils cherchent alors des indices.

— Regarde, Ludovic, il y a du sang ! dit Paul effrayé.

— C'est vrai, c'est du sang !

— Cette affaire commence à devenir dangereuse..., dit Bruno, de plus en plus paniqué.

— Regardez... ! crie Jean.

— Qu'est-ce que c'est ? demande Bruno.

— Une boîte d'allumettes. Il y a le nom d'un magasin écrit dessus : Boucherie Marc Duval, 16, rue de la Poste, Bourdeilles.

— C'est le seul indice que nous avons, dit Ludovic.

— Je n'aurais pas dû y toucher, j'y ai laissé mes empreintes [1], dit Jean.

— Ne t'inquiète pas, peut-être que ça n'a rien à voir avec les personnes qui ont creusé le trou. Cette boîte d'allumettes peut appartenir à n'importe qui [2]... et puis, pour l'instant, on ne sait même pas ce qui s'est passé, répond Bruno.

— Gardons-la quand même, dit Paul.

Mais il se fait tard : il est déjà midi et demi, c'est l'heure de rentrer.

— Écoutez, n'en parlons à personne, dit Ludovic.

Ils ont peur mais sont tous d'accord pour jouer les détectives !

1. **Une empreinte** : une trace.
2. **N'importe qui** : une personne quelconque.

# Compréhension écrite et orale

DELF **1** Écoutez l'enregistrement du chapitre et répondez aux questions.

1 Comment s'appellent les amis de Bruno et Ludovic ?

Ils s'appellent *Jean et Paul*

2 Quel âge ont-ils ?

Ils ont *15 ans*

3 Où habitent-ils ?

Ils habitent *à Toulouse*

4 Qu'est-ce qu'ils décident de faire ?

Ils décident d'aller *à cercle les hommes*

5 Est-ce qu'ils trouvent des indices ?

Oui, ils trouvent des *lumières*

6 Qu'est-ce qu'ils trouvent encore ?

Ils trouvent aussi *des tags*

7 Quelle heure est-il quand ils décident de rentrer ?

Il est ........................................................................................

8 Est-ce qu'ils décident de tout raconter ?

Ils décident de ........................................................................

**2** Lisez le chapitre et cochez les phrases correctes.

1 Bruno et Ludovic arrivent en retard au rendez-vous avec leurs amis

a ☐ parce qu'ils se sont arrêtés pour jouer.

b ☒ parce qu'ils ont vu quelque chose de mystérieux.

2 Leurs amis

a ☒ sont très intéressés par ce qu'ils racontent.

b ☐ n'ont aucune envie de les écouter.

3 Ils décident de

a ☒ rentrer immédiatement chez eux et de faire des recherches le lendemain.

b ☐ faire des recherches pour résoudre cette énigme.

**4** Pour aller dans le champ,

    **a** ☐ ils font un long détour.

    **b** ☒ ils passent à travers une haie.

**5** Après avoir trouvé des traces intéressantes,

    **a** ☐ ils vont au commissariat.

    **b** ☒ ils commencent à avoir peur.

## Enrichissez votre **vocabulaire**

**1** Retrouvez dans le texte les mots et les expressions correspondant aux mots et expressions suivants.

**1** terrain : ...................................................................................

**2** il était nécessaire (de) : ....................................................................

**3** paniqué : ..................................................................................

**4** est arrivé : ...............................................................................

## Grammaire

### Les pronoms personnels compléments d'objet direct

| Singulier | Pluriel |
|-----------|---------|
| me* | nous |
| te* | vous |
| le*/la* | les |

\* Ces pronoms s'élident devant une voyelle ou un **h** muet.

*Je **m'**amuse !*      *Je **te** déteste !*      *Je ne **le** supporte plus !*

Les pronoms personnels compléments d'objet direct se placent toujours devant le verbe, sauf à l'impératif affirmatif. Dans ce cas-là, on utilise la forme **moi** à la place de **me**.

*Elle **l'**accompagne.*      *Je **vous** attends.*      *Il **le** rencontre.*

*Attends-**moi** !*      *Écoute-**les** !*      *Téléphone-**nous** !*

**1** Complétez avec les pronoms personnels compléments d'objet direct qui conviennent.

1   Valérie est très sympa, tout le monde ............ adore.

2   Les parents de Luc sont trop sévères, ils ............ grondent toujours.

3   Vous êtes très aimables ! Je ............ adore !

4   Aujourd'hui, j'ai de la chance, mes parents ............ laissent aller au concert avec mes amis.

5   Ton nouveau pull ? Oui, je ............ aime beaucoup.

6   S'ils ............ accompagnent, nous évitons de prendre notre voiture.

**2** Transformez ces phrases à l'impératif affirmatif.

1   Ne le lisez pas !

   .............................................................................................

2   Ne m'attendez pas !

   .............................................................................................

3   Ne les écoutez pas !

   .............................................................................................

4   Ne la laisse pas rentrer tard !

   .............................................................................................

5   Ne nous suivez pas !

   .............................................................................................

## Production écrite

DELF **1** À la fin de cette journée, Bruno écrit quelques phrases dans son journal intime. Il raconte brièvement ce qui s'est passé et comment il se sent. Imaginez ce qu'il écrit.

# CHAPITRE 4

# L'enquête commence

**P**endant le déjeuner, Bruno et Ludovic échangent des regards complices. Ils sont impatients de sortir. Vers deux heures et demie, ils se précipitent à la petite plage. Ils essaient d'élaborer un plan, de décider comment procéder, mais ce n'est pas facile. Les trois hommes ont rendez-vous ce soir, mais on ne sait pas où. Ils ne peuvent donc pas s'y rendre. En plus, le rendez-vous est après onze heures. C'est trop tard pour eux, ils n'ont pas le droit de sortir à cette heure-là !

La seule piste à suivre est celle de la boîte d'allumettes : ça n'a peut-être rien à voir avec cette histoire, mais c'est le seul indice qu'ils ont !

Jean et Paul connaissent bien les environs.

— Dites, vous savez où se trouve Bourdeilles ? demande Ludovic.

— Bien sûr ! C'est un village pas trop loin d'ici, répond Jean.

— Je pense qu'on peut y aller, propose Ludovic. On cherche la boucherie et on voit si le propriétaire est l'un des hommes.

— Moi, je suis tout à fait d'accord, dit Paul.

— Mais comment on y va ? demande Bruno. Vous savez s'il y a des cars ?

— Oui, il y a un car qui part de la place de la Mairie, mais il faut se renseigner sur les horaires, répond Jean.

— Il est trois heures et quart. Si on va maintenant à la place de la Mairie, on a peut-être le temps d'y aller aujourd'hui, propose Bruno.

— Il faut acheter les tickets. Il y un point de vente près de l'arrêt du car, mais est-ce que nous avons assez d'argent ? demande Paul.

Les quatre amis arrivent sur la place de la Mairie et regardent le tableau des horaires. Ils en ont de la chance ! Le car pour Bourdeilles va bientôt passer. Ils mettent en commun tout l'argent qu'ils ont et réussissent à s'acheter des tickets pour l'aller et le retour.

— On y va sans prévenir personne ? demande Paul.

— Je pense qu'il vaut mieux ne rien dire. En plus, si nous demandons la permission à nos grands-parents, ils risquent de nous dire non, répond Bruno.

— Je suis d'accord, ajoute Ludovic.

— Moi aussi, dit Jean.

— Ok, comme vous voulez, dit Paul. Mais dans ce cas, il faut être de retour avant dix-neuf heures.

Tout le monde est d'accord. L'aventure commence. Ils prennent le car et arrivent à Bourdeilles au bout d'une demi-heure. Ils descendent à l'arrêt qui se trouve sur la place du village et partent à la recherche de la boucherie.

Ils descendent jusqu'au bout de la rue située en face de la mairie, mais ils ne trouvent aucune boucherie. Ils reviennent sur la place et vont de l'autre côté du village. Un peu plus tard, ils aperçoivent devant eux la boucherie qu'ils cherchent.

— Qu'est-ce qu'on fait maintenant ? demande Jean.

— Je pense qu'il vaut mieux entrer. Si on regarde de l'extérieur, on risque de se faire remarquer, dit Paul.

— On a encore un peu d'argent. On peut entrer sous prétexte de s'acheter un peu de saucisson [1] ou de jambon, propose Bruno.

— Oui, bonne idée ! On s'achète quatre tranches de jambon, dit Ludovic. Allez, courage, on y va !

Nos amis entrent dans le magasin. Derrière le comptoir [2], il y a une dame d'une cinquantaine d'années qui leur demande ce qu'ils désirent. Bruno demande quatre tranches de jambon puis regarde ses copains. Mince ! Aucune trace des hommes qui ont creusé le trou !! Ce n'est pas la bonne piste. Ils sont déçus et ont presque perdu tout espoir. Soudain, une porte s'ouvre au fond du magasin.

---

1. **Le saucisson :**

2. **Le comptoir** : longue table haute et étroite sur laquelle le marchand présente les marchandises.

— Annette, moi j'y vais. Je reviens dans une demi-heure. Après, tu peux rentrer si tu veux.

— D'accord, Pierre. À tout à l'heure.

— À tout à l'heure.

Les quatre adolescents paient la bouchère et sortent ensuite du magasin.

— C'est lui, c'est lui !! dit Bruno. C'était celui qui était de dos, mais c'est lui, j'en suis sûr. Même taille, mêmes cheveux, et surtout cette voix ! Il a exactement la même voix ! Ce n'est pas une coïncidence, c'est impossible !

— C'est vrai ! Sa voix est spéciale. Vous avez entendu ? dit Ludovic. C'est donc lui qui a perdu la boîte d'allumettes. Reste à savoir ce qu'ils ont caché dans le trou.

— Moi, je pense qu'on doit tout raconter à la police, dit Jean.

— C'est encore trop tôt. Il vaut mieux continuer cette enquête et essayer de découvrir quelque chose d'autre !

Ils reprennent le car pour Brantôme. Ils sont contents d'avoir trouvé la boucherie et surtout son propriétaire. Ce n'est peut-être pas grand-chose, mais c'est quand même un point de départ intéressant !

# Compréhension écrite et orale

DELF **1** Écoutez l'enregistrement du chapitre et remettez les phrases en ordre.

a ☐ Ils prennent un car pour Bourdeilles.

b ☐ Ils entrent dans la boucherie.

c ☐ Ils reprennent le car pour rentrer chez eux.

d ☐ Après le déjeuner, ils vont à la petite plage.

e ☐ Après plusieurs tours, ils trouvent la boucherie qu'ils cherchent.

f ☐ Une dame les sert.

g ☐ Ils décident comment procéder dans l'enquête.

h ☐ Ils vont place de la Mairie.

i ☐ Un homme arrive et parle avec la dame.

j ☐ Ils arrivent à Bourdeilles une demi-heure plus tard.

k ☐ Ils reconnaissent tout de suite l'homme mystérieux.

**2** Relisez le chapitre et dites si les affirmations suivantes sont vraies (V) ou fausses (F). Corrigez ensuite les phrases fausses.

|   |   | V | F |
|---|---|---|---|
| 1 | Le soir, ils peuvent sortir même après onze heures. | ☐ | ☐ |
| 2 | Ils décident d'exclure la piste de la boîte d'allumettes. | ☐ | ☐ |
| 3 | Le village de Bourdeilles se trouve près de Brantôme. | ☐ | ☐ |
| 4 | Le car pour Bourdeilles part de la place de la Mairie. | ☐ | ☐ |
| 5 | Ils n'ont pas assez d'argent pour s'acheter les tickets. | ☐ | ☐ |
| 6 | Pour aller à Bourdeilles, Bruno et Ludovic demandent la permission à leurs grands-parents. | ☐ | ☐ |

**7** Ils trouvent tout de suite la boucherie qu'ils cherchent. ☐ ☐

...................................................................

**8** Ils achètent quatre tranches de jambon. ☐ ☐

...................................................................

**9** Le monsieur de la boucherie ressemble beaucoup à l'homme mystérieux. ☐ ☐

...................................................................

**10** Ils décident de prévenir la police. ☐ ☐

...................................................................

# Enrichissez votre **vocabulaire**

**1** Retrouvez les mots qui correspondent aux dessins.

| | | | | |
|---|---|---|---|---|
| 1 | ☐ Un trou | | 5 | ☐ La mairie |
| 2 | ☐ Un arrêt de bus | | 6 | ☐ Un saucisson |
| 3 | ☐ Un jambon | | 7 | ☐ Une boîte d'allumettes |
| 4 | ☐ Le visage | | 8 | ☐ Une boucherie |

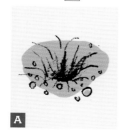 A
 B
 C
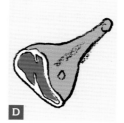 D

 E
 F
 G
 H

# Grammaire

## Les pronoms *y* et *en*

Les pronoms **y** et **en** remplacent un complément de lieu ou un nom de chose introduit par la préposition **à** ou **de**. Ils se placent toujours devant le verbe, sauf à l'impératif affirmatif.

| | | |
|---|---|---|
| *Je vais <u>au stade</u>.* | *J'y vais.* | *Vas-**y** !* |
| *Je pense <u>à mes vacances</u>.* | *J'y pense.* | *Penses-**y** !* |
| *Je parle <u>de mes voyages</u>.* | *J'**en** parle.* | *Parles-**en** !* |

**1** Récrivez les phrases suivantes en remplaçant les mots soulignés par *y* ou *en*.

1 Je vais <u>à la salle de gym</u>.

.......................................................................................

2 Je tiens <u>à ton amitié</u>.

.......................................................................................

3 Nous participons <u>au tournoi de tennis</u>.

.......................................................................................

4 Ils croient <u>à ces histoires</u>.

.......................................................................................

5 Elles vont <u>au cinéma</u>.

.......................................................................................

6 Nous discutons <u>du contrat</u>.

.......................................................................................

7 Elles parlent <u>de leurs problèmes</u>.

.......................................................................................

# Production orale

DELF **1** Vous entrez dans une boulangerie, vous voulez acheter une baguette, deux pains au chocolat et deux tartelettes aux fraises. Rédigez le dialogue et jouez cette scène avec un(e) camarade.

# CHAPITRE 5

# Une femme disparaît

près leur sortie en car à Bourdeilles, nos apprentis détectives font des hypothèses, mais ne trouvent malheureusement aucune solution à leur énigme. S'agit-il de voleurs ? Veulent-ils cacher un butin [1] ? Mais alors pourquoi y a-t-il des traces de sang ? Ce sont peut-être des assassins qui ont commis un meurtre [2] ? Nos amis sont terrorisés à l'idée des traces de sang qu'ils ont vues.

Difficile de s'endormir avec un tel secret !

Le lendemain matin, Bruno et Ludovic prennent leur petit-déjeuner, tandis que leur grand-père lit le journal.

— T'as vu, Marie-Claude ? Une jeune femme a disparu à Bourdeilles hier. La police est en train de la chercher...

---

1. **Le butin** : ce que l'on a volé.
2. **Le meurtre** : action de tuer volontairement.

— Mon Dieu, Philippe. On n'entend que de mauvaises nouvelles...

— C'est vrai !

— Et si c'était un maniaque, un tueur en série[1] ?

— Espérons que non...

Bruno et Ludovic se regardent. Ils se comprennent sans rien

---

1. **Le tueur en série** : personne qui tue plusieurs fois de la même manière.

dire : ils savent déjà ce que chacun d'entre eux est en train de
penser.

— Vous avez entendu, les enfants ?

— Oui, oui, mamie...

— Faites attention quand vous sortez. Ne parlez pas aux
inconnus, restez toujours ensemble...

— Oui, mamie, ne t'inquiète pas...

En réalité, les jumeaux ne sont pas du tout tranquilles. Tout de suite après le petit-déjeuner, ils sortent et rejoignent leurs amis à la petite plage.

— Vous avez entendu ce qui s'est passé hier à Bourdeilles ?

— Non, quoi ?

— Une jeune femme a disparu. La police mène une enquête...

— C'est terrible, et si c'était...

— C'est exactement ce à quoi nous avons pensé...

— Le trou, le sang... c'est possible...

— Dans ce cas-là, il faut aller à la police...

— Moi, je suis d'accord...

— Vous savez où se trouve le commissariat ?

— Oui, c'est derrière la mairie. Qu'est-ce qu'on fait ? On en parle avec quelqu'un ?

— Non, sinon nos parents et nos grands-parents vont s'inquiéter...

— Alors, on se voit cet après-midi directement devant la mairie et on va à la police.

— Entendu. Alors, à trois heures, devant la mairie.

— N'oublions pas la boîte d'allumettes !

— D'accord.

# Compréhension écrite et orale

DELF **1** Écoutez l'enregistrement du chapitre et cochez la bonne réponse.

**1** Le grand-père de Bruno et Ludovic est en train de
a ☐ regarder la télé.
b ☐ écouter la radio.
c ☐ lire le journal.

**2** Qui a disparu ?
a ☐ Une vieille dame.
b ☐ Un jeune garçon.
c ☐ Une jeune femme.

**3** Les deux frères
a ☐ ne sont pas du tout intéressés par la nouvelle.
b ☐ sont très intéressés par la nouvelle.
c ☐ sont tout à fait tranquilles.

**4** Ils vont à la petite plage
a ☐ après le petit-déjeuner.
b ☐ après le déjeuner.
c ☐ après le dîner.

**5** Le commissariat est
a ☐ derrière la mairie.
b ☐ devant la mairie.
c ☐ loin de la mairie.

**2** Lisez le chapitre et répondez aux questions suivantes.

**1** Quelles recommandations fait la grand-mère de Bruno et Ludovic à ses petits-enfants ?
..................................................................................................................

**2** De quoi parlent les jumeaux lorsqu'ils rencontrent leurs amis ?
..................................................................................................................

3   Qu'est-ce qu'ils décident de faire ?

   ....................................................................................................................

4   Est-ce qu'ils décident de prévenir leurs familles ? Pourquoi ?

   ....................................................................................................................

5   À quelle heure ont-ils rendez-vous ?

   ....................................................................................................................

6   Qu'est-ce qu'ils décident d'apporter avec eux ?

   ....................................................................................................................

# Enrichissez votre **vocabulaire**

**1** **Retrouvez les définitions des mots suivants.**

> **un inconnu    un petit-déjeuner    une enquête**
> **un papi    une mairie    une mamie**

1   C'est le père de votre père ou de votre mère dans le langage
    enfantin.

   ....................................................................................................................

2   C'est la mère de votre père ou de votre mère dans le langage
    enfantin.

   ....................................................................................................................

3   C'est le siège de l'administration locale.

   ....................................................................................................................

4   On le dit d'une personne que l'on ne connaît pas.

   ....................................................................................................................

5   On le prend le matin avant d'aller à l'école ou au travail.

   ....................................................................................................................

6   C'est ce que fait la police pour découvrir le coupable d'un crime.

   ....................................................................................................................

## Grammaire

### Le *que* restrictif

Le **que** restrictif est une négation apparente. Il est toujours accompagné par **ne**, mais il a une valeur affirmative et il est utilisé avec le sens de **seulement**.

*Je **ne** bois **que** de l'eau.* = *Je bois **seulement** de l'eau.*

**1** Récrivez ces phrases en utilisant le *que* restrictif quand c'est possible.

1 Nous mangeons seulement du pain complet.

........................................................................................................

2 Elle ne parle pas espagnol.

........................................................................................................

3 Elle connaît seulement l'allemand.

........................................................................................................

4 Ils vont à cette plage et c'est tout, ils ne vont pas aux autres.

........................................................................................................

5 Vous ne faites pas de voyages.

........................................................................................................

## Production orale

DELF **1** Racontez un fait divers qui vous a particulièrement marqué(e) à l'aide des indications suivantes.

- Protagonistes
- Lieu
- Date
- Événement
- Conclusion.

CHAPITRE **6**

# Au commissariat

À trois heures, nos quatre amis se retrouvent devant la Mairie. D'un côté, il sont impatients de tout raconter à la police, et de l'autre ils ont peur. Ils hésitent, discutent et se rendent finalement au commissariat. Pas question de se taire !! Il faut avoir du courage...

C'est Bruno et Ludovic qui vont parler au commissaire. Ils entrent et attendent avec impatience qu'on les appelle. Au bout de quelques minutes, un agent arrive et les accompagne dans un bureau où le commissaire les reçoit.

— Bonjour, les enfants. Entrez et asseyez[1]-vous !

— Bonjour, Monsieur.

— Mon collègue vient de me dire que vous devez me parler de quelque chose d'important. Dites-moi, je vous écoute...

---

1. **S'asseoir** : s'installer sur un siège.

Bruno raconte alors ce qu'ils ont vu : les trois hommes dans le champ, le tour à Bourdeilles, la découverte de la boucherie. Il dit qu'ils ont eu peur, surtout après avoir entendu la nouvelle de la dame disparue.

— Vous avez dit que vous avez trouvé des traces de sang. Vous en êtes sûrs ?

— Oui, tout à fait, Monsieur.

— Vous en avez parlé à quelqu'un ?

— Non, à personne.

— Écoutez, laissez-moi la boîte d'allumettes. Nous la gardons[1] au cas où[2] elle aurait quelque chose à voir avec cette histoire. Pour le reste, faites attention. Ne fréquentez pas les lieux isolés, restez ensemble. Laissez-moi aussi vos numéros de téléphone. En cas de besoin, on vous contacte.

À la sortie du commissariat, nos amis sont plutôt satisfaits. Les agents ont été très attentifs, et ils ont eu l'air de s'intéresser à leur histoire.

Ils décident de suivre les conseils de l'agent et d'être prudents. Ils ne veulent plus aller sur le lieu du crime ! Du moins, c'est ce qu'ils pensent pour l'instant. Mais vont-ils résister à la tentation de poursuivre leur enquête ?

1. **Garder** : mettre de côté.
2. **Au cas où** (+ conditionnel) : si...

# Compréhension écrite et orale

**1** Écoutez l'enregistrement du chapitre et dites si les affirmations suivantes sont vraies (V) ou fausses (F).

|  |  | V | F |
|---|---|---|---|
| 1 | Les quatre amis ont peur d'aller à la police. | ☐ | ☐ |
| 2 | Ils décident de rentrer à la maison. | ☐ | ☐ |
| 3 | Un agent leur dit de rentrer chez eux. | ☐ | ☐ |
| 4 | Les deux frères ne racontent pas tout ce qu'ils ont vu. | ☐ | ☐ |
| 5 | L'agent qui les reçoit garde la boîte d'allumettes. | ☐ | ☐ |
| 6 | Il leur fait beaucoup de recommandations. | ☐ | ☐ |

**2** Lisez le chapitre et répondez aux questions suivantes.

1 Que font les quatre amis avant d'être reçus par le commissaire ?

.....................................................................................................

2 Qu'est-ce qu'ils racontent au commissaire ?

.....................................................................................................

3 Pourquoi le commissaire demande-t-il aux deux frères de lui laisser leurs numéros de téléphone ?

...................................................................

...................................................................

4 Quel est l'état d'âme des quatre amis à la sortie du commissariat ?

...................................................................

...................................................................

5 De quoi avaient-ils peur avant d'entrer ?

...................................................................

...................................................................

6 Qu'est-ce qu'ils décident de faire ?

...................................................................

...................................................................

# Enrichissez votre **vocabulaire**

**1** **Trouvez la signification des mots et expressions suivants.**

**1** Faire semblant de :
- a ☐ faire le contraire de
- b ☐ faire de manière que
- c ☐ faire comme si

**2** Au bout de :
- a ☐ avant
- b ☐ après
- c ☐ pendant

**3** Tout à fait :
- a ☐ complètement
- b ☐ un peu
- c ☐ pas du tout

**4** Avoir l'air de :
- a ☐ sembler
- b ☐ refuser
- c ☐ avoir envie de

## Grammaire

### Les pronoms personnels compléments d'objet indirect

| Singulier | Pluriel |
|-----------|---------|
| me | nous |
| te | vous |
| lui | leur |

Les pronoms personnels compléments d'objet indirect se placent toujours devant le verbe, sauf à l'impératif affirmatif. Dans ce cas-là, à la place de **me** on utilise la forme **moi**.

*Je **leur** téléphone.*

*Envoie-**lui** un télégramme.*

*Nous **lui** envoyons un courriel.*

*Donne-**moi** ton adresse.*

**1** Récrivez les phrases suivantes en remplaçant les mots soulignés par des pronoms personnels compléments d'objet indirect.

1  Je donne ces informations <u>à mes collègues</u>.

  ...................................................................................................

2  Tu communiques la nouvelle <u>à tes amis</u>.

  ...................................................................................................

3  Elle annonce son mariage <u>à sa meilleure amie</u>.

  ...................................................................................................

4  Elle envoie ses félicitations <u>à Philippe</u>.

  ...................................................................................................

5  Nous écrivons une carte postale <u>à nos parents</u>.

  ...................................................................................................

**2** Transformez les phrases suivantes à l'impératif affirmatif.

1  Ne lui dis pas la vérité !

  ...................................................................................................

2  Ne leur révélez pas vos intentions !

  ...................................................................................................

3  Ne nous envoyez pas tous ces courriels !

  ...................................................................................................

4  Ne me téléphone pas après onze heures !

  ...................................................................................................

5  Ne me parle pas de tes affaires !

  ...................................................................................................

## Production écrite

DELF **1** On vous a volé votre portefeuille. Vous vous rendez à la police pour porter plainte. Écrivez le texte du procès-verbal. À vous d'inventer les détails (lieu et heure du vol, contenu du portefeuille, etc.).

# La vallée des
## *Premiers Hommes*

Traversant le département de la Dordogne, la rivière de la Vézère a creusé une vallée qui est habitée depuis plus de 50 000 ans !

Aujourd'hui, cette vallée est réputée pour la richesse de ses sites préhistoriques, tels que les célèbres grottes de Lascaux.

Inscrite au patrimoine mondial de l'UNESCO, la vallée de la Vézère compte 25 grottes et 147 gisements préhistoriques. Elle est donc devenue une destination touristique qui attire de très nombreux visiteurs, parfois trop...

### Les grottes de Lascaux : une découverte étonnante

Les grottes de Lascaux ont été découvertes par hasard en 1940.

Un garçon de dix-sept ans, Marcel Ravidat, est en train de chercher la tanière d'un renard lorsqu'il aperçoit un trou particulièrement profond dans le sol. Il appelle alors trois copains. Les quatre amis agrandissent le trou de façon à pouvoir descendre. Là, à la lueur de leur lampe de poche, ils découvrent un spectacle extraordinaire : une grotte immense dont les parois sont recouvertes de centaines de peintures. Des chevaux, des taureaux, des bisons, des cerfs, des ours, des dessins géométriques recouvrent les parois de la grotte !

Ils découvrent également un autre passage décoré de peintures représentant des scènes de chasse.

Pendant quelques jours, les quatre garçons décident de garder le secret et de ne rien dire à personne. Ils continuent alors leur

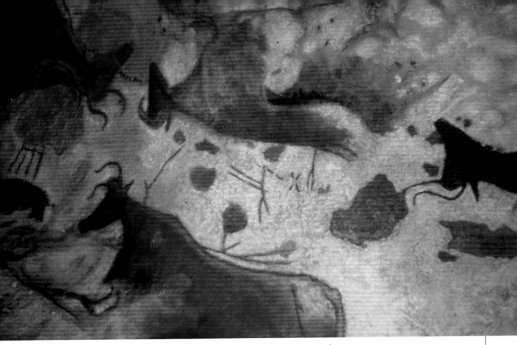

Grotte de Lascaux II : peintures murales.

exploration et découvrent d'autres salles et d'autres galeries. Ils finissent finalement par tout raconter à l'instituteur du village qui fait venir des spécialistes de la préhistoire.

## La « chapelle Sixtine de la préhistoire »

Définies « la chapelle Sixtine de la préhistoire », les grottes sont caractérisées par une grande variété de couleurs, et plus particulièrement le noir, le jaune et le rouge. Les couleurs sont obtenues à partir de minéraux liés avec de la graisse animale ou de l'eau ; le pinceau est en poil de bison.

Cependant, la vapeur d'eau produite par les nombreux visiteurs finit par abîmer la grotte. Elle doit par conséquent être fermée. À une centaine de mètres de l'original, on construit une copie, ouverte en 1983, qui reste encore la plus visitée de toutes les grottes.

PROJET **INTERNET**

À l'aide d'un moteur de recherche, connectez-vous au site des grottes de Lascaux. Cliquez sur « Découvrir » et cherchez les réponses aux questions suivantes.

▸ Où se trouve l'une des plus importantes concentrations de grottes ornées paléolithiques d'Europe ?

▸ Comment s'appellent ceux qui ont découvert les grottes ?

▸ Qu'est-ce qui caractérise la salle des Taureaux ?

▸ Qu'est-ce qu'une licorne ?

Faites une visite virtuelle de la grotte. Examinez le plan de la grotte.

▸ Quelle est sa forme et quelles sont ses dimensions ?

▸ Pourquoi et quand la grotte a-t-elle été fermée ?

Cliquez sur « S'initier » et après votre visite virtuelle, vous pourrez vous amuser à...

▸ ...tester vos connaissances avec les jeux proposés sur le site ;

▸ ...décrire la grotte à vos amis.

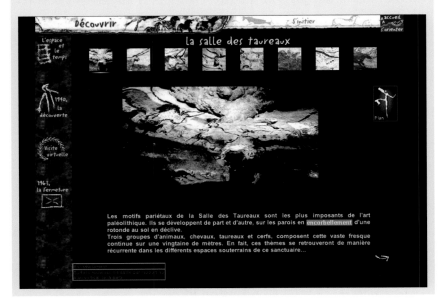

CHAPITRE **7**

# Encore des indices

es jours suivants, il ne se passe rien. Nos quatre amis se rencontrent toujours sur la petite plage. Ils parlent beaucoup de cette histoire, et ils lisent surtout le journal tous les jours pour voir s'il y a des nouveautés. Malheureusement, la jeune femme n'a pas encore été retrouvée. Ils imaginent déjà comment les trois hommes peuvent avoir tué la pauvre femme, et espèrent que la police trouvera au plus tôt les preuves de leur culpabilité.

— Ils l'ont peut-être étranglée [1]...

— Ou bien ils lui ont tiré un coup de revolver...

— Ils peuvent également l'avoir noyée [2], la pauvre...

1. **Étrangler** : empêcher de respirer en comprimant le cou.
2. **Noyer** : mourir asphyxié sous l'eau.

— N'oubliez pas que nous avons trouvé des traces de sang ! Je pense plutôt à un coup de revolver, ou bien une pierre ou un autre objet...

Un jour, ils décident finalement de retourner sur le « lieu du crime » pour l'examiner encore une fois. Ils y arrivent toujours par le même chemin, après s'être assurés que personne ne les observe.

— Regardez ! dit Bruno. Un autre trou, pas loin de celui que nous avons découvert !

— Et encore du sang, chuchote[1] Paul. C'est terrible, terrible...

— Il est frais, ce sang. Ils doivent avoir tué quelqu'un il y a peu de temps...

— Il faut retourner à la police et tout raconter.

— Et s'ils nous prennent[2] pour des fous ?

— Tant pis[3], allons-y quand même.

Une demi-heure plus tard, ils sont de nouveau devant le commissariat. Ils sont reçus par le même agent.

— Qu'est-ce qui se passe encore ?

— Nous sommes retournés dans le champ où nous avons découvert le premier trou. Eh bien, nous en avons découvert un autre, plus récent, avec d'autres traces de sang, du sang frais... il est peut-être arrivé quelque chose de terrible !

— Écoutez, les enfants, restez tranquilles. Nous vous remercions de vos informations, mais laissez la police s'occuper de ce cas. Évitez d'aller dans le champ, on ne sait jamais, ça peut être dangereux. Il vaut mieux ne pas prendre de risques...

1.  **Chuchoter** : parler à voix basse.
2.  **Prendre pour** : considérer comme.
3.  **Tant pis** : ce n'est pas grave !

# **Compréhension** écrite et orale

**DELF ❶ Écoutez l'enregistrement du chapitre et cochez la bonne réponse.**

1   La jeune femme disparue
   a ☐ a été retrouvée.
   b ☐ n'a pas encore été retrouvée.
   c ☐ a été étranglée.

2   Les quatre amis
   a ☐ refusent de retourner sur le lieu du crime.
   b ☐ décident de retourner sur le lieu du crime.
   c ☐ décrivent le lieu du crime à leurs familles.

3   Ils
   a ☐ effacent les indices qu'ils ont trouvés.
   b ☐ trouvent d'autres indices.
   c ☐ ignorent les nouveaux indices qu'ils trouvent.

4   Les indices sont
   a ☐ des traces de sang frais.
   b ☐ des traces de terre mouillée.
   c ☐ des traces de pas.

5   Quand ils retournent au commissariat,
   a ☐ ils sont reçus par le même agent.
   b ☐ ils sont reçus par un autre agent.
   c ☐ ils ne sont reçus par personne.

6   On leur recommande
   a ☐ d'être prudents.
   b ☐ de poursuivre leur enquête.
   c ☐ de ne rien dire à personne.

**2** Lisez le chapitre et répondez aux questions.

**1** Quelles hypothèses font-ils à propos de la femme disparue ?

.......................................................................................................

**2** Qu'est-ce qu'ils décident de faire ?

.......................................................................................................

**3** Qu'est-ce qu'ils trouvent ?

.......................................................................................................

**4** Où vont-ils tout de suite après ?

.......................................................................................................

# Enrichissez votre **vocabulaire**

**1** Trouvez la signification des mots et expressions suivants.

**1** De sorte que :
- **a** ☐ afin que
- **b** ☐ de manière que
- **c** ☐ de peur que

**2** Laisser de côté :
- **a** ☐ prendre en considération
- **b** ☐ souligner
- **c** ☐ ignorer

**3** Chuchoter :
- **a** ☐ parler à voix basse
- **b** ☐ parler à voix haute
- **c** ☐ crier

**4** Se passer :
- **a** ☐ arriver
- **b** ☐ conclure
- **c** ☐ commencer

## Grammaire

### Comme – Comment

**Comme** est utilisé pour faire des comparaisons ou dans des phrases exclamatives.

*Elle est blonde **comme** sa mère.*    ***Comme** tu es élégante !*

**Comment** est utilisé dans les interrogations directes et indirectes.

***Comment** tu as passé tes vacances ?*

*Je me demande **comment** tu as obtenu ces informations.*

**1** Complétez avec *comme* ou *comment*.

1   ................... vous vous appelez ?

2   ................... il est adorable ! Je l'adore.

3   Il a les yeux verts ................... son frère.

4   Je voudrais savoir ................... tu as trouvé ce travail.

5   ................... tu as fait ce gâteau ?

6   Nous nous demandons ................... vous pouvez le supporter.

## Production écrite

 DELF **1** Vous êtes journaliste dans un quotidien local. Interviewez la personne qui a assisté à ce vol.

**Une dame de 76 ans, Edmonde, empêche un voleur de s'emparer du sac de son amie.**

Deux dames se promènent tranquillement dans un jardin public, où elles ont rendez-vous tous les après-midis. Edmonde va chercher une glace et voit un jeune homme qui s'approche de son amie qui est près d'un banc. Le jeune homme demande à la dame l'heure, elle regarde sa montre et se distrait... D'un coup, le jeune homme arrache le sac de la dame ; la victime se met à crier. Mais Edmonde, qui assiste à la scène à quelques mètres de distance, se jette sur lui avec ses glaces... L'homme tombe par terre, des passants l'arrêtent et quelques minutes après la police municipale le conduit au poste de police. Bravo, mamie !

CHAPITRE **8**

# Une nouvelle piste

**M**ardi matin, Bruno et Ludovic s'apprêtent à sortir  lorsqu'ils jettent un coup d'œil[1] au journal.

FIN DU MYSTÈRE DE LA JEUNE FEMME DISPARUE. FUGUE[2] POUR DES PROBLÈMES SENTIMENTAUX.

— Dis donc, lisons un peu...

— Elle n'a donc pas été tuée cette femme. Pas de meurtre, pas d'assassin, pas de cadavre...

Le journal dit que Valérie Perec, 28 ans, a disparu il y a une semaine, après une violente dispute avec son fiancé. Exaspérée, elle part de son village pour changer de vie. Au bout d'une

---

1. **Jeter un coup d'œil** : regarder rapidement.
2. **Une fugue** : action de s'en aller de chez soi.

semaine, elle revient sur ses pas et décide de recommencer sa vie et de quitter son fiancé. Les parents et les amis de Valérie sont soulagés.

Bruno et Ludovic lisent un extrait de l'interview de la jeune femme :

— Où étiez-vous partie ?

— En Provence, à Gordes. J'ai une amie là-bas qui m'a accueillie.

— Qu'est-ce qui vous a fait changer d'idée ?

— Mes parents et mes amis me manquaient énormément. Au début, j'ai été tentée de ne rien dire à personne, mais après, la nostalgie a eu le dessus.

Les deux enfants sont contents de la bonne nouvelle, mais pensent et repensent en même temps à ce que les trois hommes peuvent avoir fait. Sont-ils coupables de quelque chose ? S'agit-il d'assassins ? Ce ne sont peut-être que des apparences... Pourtant, ils ont vu de leurs yeux les traces de sang. Il doit bien y avoir eu quelque chose... Ils décident alors d'aller à la bibliothèque pour lire les quotidiens des jours précédents. Ils choisissent la page des faits divers locaux et cherchent des articles concernant d'autres personnes disparues. Après de longues recherches, ils trouvent un seul article sur un clochard[1] qui a disparu.

— Voilà, il s'agit peut-être de ce pauvre clochard.

— Le problème, c'est qu'on n'en parle pas beaucoup...

— La plupart des gens ne s'intéressent pas à la mort d'un clochard...

— C'est vrai, il est probablement seul au monde...

---

1. **Le clochard** : personne pauvre, sans travail, ni maison.

# Compréhension écrite et orale

DELF **1** Écoutez l'enregistrement du chapitre et dites si les affirmations suivantes sont vraies (V) ou fausses (F).

|  | V | F |
|---|---|---|
| 1 La jeune femme disparue est retrouvée. | ☐ | ☐ |
| 2 Elle s'appelle Valentine Perec. | ☐ | ☐ |
| 3 Elle a vingt-six ans. | ☐ | ☐ |
| 4 Elle a fait une fugue après s'être disputée avec ses parents. | ☐ | ☐ |
| 5 Elle s'est réfugiée en Provence. | ☐ | ☐ |
| 6 Les quatre amis vont dans une librairie. | ☐ | ☐ |

**2** Lisez le chapitre et répondez aux questions.

1 Pourquoi Valérie a-t-elle disparu ?
......................................................................................

2 Combien de temps a duré sa fugue ?
......................................................................................

3 Quelle a été la réaction de ses parents et de ses amis à son retour ?
......................................................................................

4 Chez qui s'était-elle réfugiée ?
......................................................................................

5 Pourquoi a-t-elle décidé de revenir ?
......................................................................................

6 Où les quatre amis décident-ils d'aller ? Pourquoi ?
......................................................................................

7 Qu'est-ce qu'ils trouvent dans la page des faits divers locaux ?
......................................................................................

# Grammaire

## Les articles partitifs

| Masculin singulier | Féminin singulier | Masc. et fém. pluriel |
|---|---|---|
| **du** devant consonne ou **h** aspiré | **de la** devant consonne ou **h** aspiré | **des** |
| **de l'** devant voyelle ou **h** muet | **de l'** devant voyelle ou **h** muet | |

*Tu veux **du** jus de fruits ? Non, merci, je voudrais **de l'**eau minérale.*
*Nous mangeons **des** biscuits.*

**ATTENTION** ! À la forme négative, on utilise toujours :

- **de** devant consonne ou **h** aspiré ;

  *Il n'y a pas **de** pain, il faut aller à la boulangerie.*

- **d'** devant voyelle ou **h** muet ;

  *Ils ne boivent jamais **d'**eau gazeuse.*

**1** Complétez avec l'article partitif qui convient.

1  Le matin, je mange ........... biscottes avec ........... beurre et ...........
   confiture, et je bois ........... thé au citron.

2  Le soir, elle mange ........... poisson et ........... légumes.

3  Je ne peux pas sortir parce que j'ai ........... exercices à faire.

4  Il y a ........... monde ce soir !

5  J'ai acheté ........... chemises pour mon fiancé.

**2** Complétez avec un article partitif.

1  Il n'y a plus ........... lait.

2  Il y a ........... bons restaurants dans cette ville ?

3  Tu as assez ........... argent pour acheter cette voiture ?

4  Je voudrais ........... pain avec ........... miel.

5  Tu as ........... argent à me prêter ?

6  Nous avons acheté ........... fraises pour ce soir.

# Production écrite

◆ DELF ❶ Lisez l'article et dites si les affirmations suivantes sont vraies (V) ou fausses (F).

## Des frères jumeaux courageux

*Deux jumeaux de 16 ans aident la police à arrêter un cambrioleur.*

Dimanche dernier, Marc, un garçon de 16 ans, rentre de la piscine avec son frère jumeau Pierre. Il est huit heures du soir, leurs parents sont sortis, les rues sont presque désertes. Mais Marc et Pierre entendent des bruits qui proviennent du jardin de Madame Lamie, une voisine qui habite dans la maison d'en face et qui est partie en vacances. Quelques instants plus tard, les deux garçons entrent dans le jardin de Madame Lamie en passant par-dessus la haie. Une fenêtre est ouverte : ils aperçoivent un homme à l'intérieur. Pendant que Pierre reste dans le jardin pour ne pas perdre l'homme de vue, Marc appelle le commissariat avec son portable. La voiture de police arrive quelques minutes plus tard et arrête le cambrioleur qui n'a pas vu les deux jeunes. Chapeau, les garçons !

|   |   | V | F |
|---|---|---|---|
| 1 | Le fait divers raconté se passe un samedi soir. | ☐ | ☐ |
| 2 | Les deux garçons rentrent de la piscine. | ☐ | ☐ |
| 3 | Ils ont peur parce que leur voisine est seule chez elle. | ☐ | ☐ |
| 4 | Les deux garçons n'ont pas le même âge. | ☐ | ☐ |
| 5 | Ils découvrent un cambrioleur. | ☐ | ☐ |
| 6 | Un des frères appelle la police, l'autre ne perd pas de vue le cambrioleur. | ☐ | ☐ |
| 7 | Madame Lamie est à la salle de gym. | ☐ | ☐ |
| 8 | La police ne croit pas les deux frères. | ☐ | ☐ |

## CHAPITRE 9

# Un fait divers

e lendemain, les deux frères rentrent à midi et demi.
Ils ont faim et demandent tout de suite à leur grand-
mère si le déjeuner est prêt.

— Oui, il est prêt..., je vous ai préparé une belle tarte
aux épinards [1]. Par les temps qui courent, il vaut mieux manger
des légumes [2] plutôt que de la viande.

— Tu as raison, Marie-Claude. On ne peut pas faire confiance [3]
aux bouchers, on risque de manger n'importe quoi..., lui dit son
mari.

— Qu'est-ce que ça veut dire « on ne peut pas faire confiance
aux bouchers » ? demande Bruno.

1. **Les épinards** : légumes riches en fer.
2. **Les légumes** : partie d'une plante utilisée pour se nourrir.
3. **Faire confiance à** : compter sur.

— Regarde dans le journal d'aujourd'hui, tu comprendras...

Bruno prend le journal et le feuillette[1].

— Cherche dans les faits divers.

Il continue à feuilleter et appelle son frère. Au bout de quelques instants, ils trouvent un titre qui attire leur attention.

> BOUCHER ARRÊTÉ AVEC SES COMPLICES.
> VACHES ABATTUES CLANDESTINEMENT SANS
> AUCUN CONTRÔLE HYGIÉNIQUE.

— Regarde, Ludovic.

Ils lisent rapidement l'article et ils découvrent qu'un boucher de Bourdeilles a été arrêté : il abattait des vaches élevées par des amis en évitant tout contrôle hygiénique. Les normes à ce propos sont très sévères, surtout après le scandale de la vache folle.

En lisant l'article, ils se rendent compte tout de suite que la boucherie est celle dans laquelle ils sont entrés. Les trois hommes n'étaient peut-être pas coupables d'un meurtre, mais ils étaient coupables quand même.

— Voilà d'où venait le sang ! s'écrie Bruno.

— Le sang ? demande le grand-père.

— Mais qu'est-ce que tu dis ? lui demande sa grand-mère. Tu te sens bien ?

— Écoutez, on va vous expliquer plus tard, nous avons rendez-vous avec nos amis et nous devons y aller.

Les grands-parents ne comprennent rien.

Bruno et Ludovic prennent un morceau de tarte et sortent en courant. Ils se précipitent à la petite plage car ils doivent donner la nouvelle à leurs amis.

---

1. **Feuilleter** : tourner rapidement les pages.

# Compréhension écrite et orale

**DELF ❶ Écoutez l'enregistrement du chapitre et cochez la bonne réponse.**

**1** Les deux frères rentrent
- **a** ☐ à minuit.
- **b** ☐ à minuit et demi.
- **c** ☐ à midi et demi.

**2** La grand-mère a préparé
- **a** ☐ de la viande.
- **b** ☐ une tarte aux artichauts.
- **c** ☐ une tarte aux épinards.

**3** Bruno
- **a** ☐ lit le journal.
- **b** ☐ regarde la télé.
- **c** ☐ écoute la radio.

**4** Le fait divers dont il est question
- **a** ☐ n'a rien à voir avec l'histoire du trou et du sang.
- **b** ☐ est étroitement lié à l'histoire du trou et du sang.
- **c** ☐ n'attire pas l'attention des frères.

**5** Les grands-parents
- **a** ☐ comprennent l'histoire de leurs petits-enfants.
- **b** ☐ ne comprennent rien.
- **c** ☐ téléphonent à la police.

**6** Bruno et Ludovic
- **a** ☐ décident de sortir.
- **b** ☐ décident de rester à la maison.
- **c** ☐ ne veulent plus voir leurs amis.

**2** Lisez le texte et complétez les phrases suivantes.

1 La grand-mère dit qu'il est mieux ..................................... .

2 Le fait divers dont il est question concerne un .....................................
qui ..................................... parce qu'il ..................................... .

3 Les deux frères se rendent compte tout de suite que
..................................... .

4 Bruno comprend d'où venait ..................................... .

5 Les deux frères veulent retrouver leurs amis pour
..................................... .

# Enrichissez votre **vocabulaire**

**1** Retrouvez la signification des mots ou expressions suivants.

1 Faire confiance à :
    a ☐ respecter
    b ☐ croire à
    c ☐ se fier à

2 Feuilleter :
    a ☐ chercher des feuilles
    b ☐ tourner les pages
    c ☐ refermer

3 Abattre (*ici*) :
    a ☐ démolir
    b ☐ tuer
    c ☐ détruire

4 Un coupable :
    a ☐ un responsable
    b ☐ un préposé
    c ☐ un complice

5 Un meurtre :
    a ☐ un vol
    b ☐ un assassinat
    c ☐ un accident

# Grammaire

**Les pronoms interrogatifs** *que* **et** *qu'est-ce que*

Le pronom **que** exige l'inversion entre le sujet et le verbe.

*Que voulez-vous faire ?*

Le pronom **qu'est-ce que**, qui a le même sens, refuse l'inversion.

*Qu'est-ce qu'il veut faire ?*

**1** **Complétez les questions avec** *que* **ou** *qu'est-ce que* **selon les cas.**

1   ........................ vous avez l'intention de faire ?

2   ........................ veut-il acheter ?

3   ........................ ils t'ont dit ?

4   ........................ avez-vous trouvé ?

5   ........................ elle t'a préparé à manger ?

6   ........................ vous préférez ?

**2** **Posez les questions qui ont déterminé les réponses suivantes en utilisant** *que* **ou** *qu'est-ce que.*

1   ...................................................................................... ?
    Il est journaliste.

2   ...................................................................................... ?
    Je voudrais un coca.

3   ...................................................................................... ?
    Il dit qu'il est très occupé.

4   ...................................................................................... ?
    Il me faut un stylo rouge.

5   ...................................................................................... ?
    Dans ce sandwich, il y a du fromage et du jambon.

CHAPITRE **10**

# Un coup de fil

**C**'est presque l'heure du dîner. Bruno et Ludovic  viennent de rentrer lorsque le téléphone sonne.

C'est le grand-père qui répond.

— Allô, Monsieur Martin ?

— Oui, c'est moi.

— Bonjour, Monsieur. C'est l'inspecteur Volland du commissariat de Brantôme.

— Qu'est-ce qui se passe ?

— Rien de grave, Monsieur. Soyez tranquille. Je voulais tout simplement remercier vos petits-enfants pour leur aide.

— Pardon, je ne comprends pas. Quelle aide ?

— Ils ne vous ont donc rien dit ?

— Non, rien.

— Ils nous ont donné des indications importantes à propos de

l'affaire des vaches abattues sans aucun contrôle hygiénique. Vous avez lu dans le journal, n'est-ce pas ?

— Bien sûr...

L'inspecteur raconte alors le rôle joué par Bruno, Ludovic et leurs amis. Le grand-père écoute avec attention cette conversation téléphonique et jette des coups d'œil à ses petits-enfants qui ont tout de suite compris avec qui il est en train de parler.

Quand il raccroche [1], il est un peu bouleversé.

— Dites donc, les enfants ! Pourquoi vous ne nous avez rien dit ?

— On avait peur de vous causer des soucis.

Le grand-père raconte à sa femme ce qui s'est passé et le fait que les enfants ont contribué à l'arrestation du boucher et de ses complices.

— Vous avez été courageux, les enfants ! Je suis fière de vous, même si vous avez pris des risques et que je n'aime pas ça.

Plus tard, Jean et Paul rejoignent les jumeaux chez leurs grands-parents. Ils sont tous très contents. Cette année, les vacances sont encore plus belles que d'habitude !

---

1. **Raccrocher** : mettre fin à une conversation téléphonique.

# Compréhension écrite et orale

**DELF ❶** Écoutez l'enregistrement du chapitre et dites si les affirmations suivantes sont vraies (V) ou fausses (F).

|  | | V | F |
|---|---|---|---|
| 1 | Le grand-père téléphone à la police. | ☐ | ☐ |
| 2 | L'inspecteur Volland parle avec le grand-père de Bruno et Ludovic. | ☐ | ☐ |
| 3 | Madame Martin n'écoute pas la conversation entre son mari et l'inspecteur. | ☐ | ☐ |
| 4 | Les deux frères ne comprennent pas avec qui leur grand-père est en train de parler. | ☐ | ☐ |
| 5 | La grand-mère est très fâchée. | ☐ | ☐ |

**❷** Lisez le chapitre et répondez aux questions suivantes.

1 À quelle heure Bruno et Ludovic rentrent-ils chez eux ?

.................................................................................

2 Que dit l'inspecteur Volland au grand-père de Bruno et Ludovic ?

.................................................................................

3 Est-ce que le grand-père est au courant de ce qui s'est passé ?

.................................................................................

4 Quel est l'état d'âme du grand-père après sa conversation avec l'inspecteur ?

.................................................................................

5 Pourquoi les deux frères n'avaient-ils rien raconté à leurs grands-parents ?

.................................................................................

6 Que leur dit leur grand-mère ?

.................................................................................

**74**

# Enrichissez votre **vocabulaire**

**1** Écrivez les mots suivants sous les dessins qui les représentent.

| sonner | un annuaire | décrocher | un combiné | un portable |

**1** [                    ]

**2** [                    ]

**3** [                    ]

**4** [                    ]

**5** [                    ]

# Grammaire

## Le passé récent

Formation du passé récent

sujet + **venir** + de + infinitif

Il **vient de** trouver un bon travail.

Nous **venons** d'acheter un studio sur la Côte d'Azur.

Elles **viennent de** préparer des gâteaux.

**1** Transformez les phrases suivantes au passé récent.

1 Il a visité le Louvre.

...................................................................................................

2 Nous avons téléphoné à nos amis.

...................................................................................................

3 Ils sont rentrés chez eux.

...................................................................................................

4 Elles sont parties pour Londres.

...................................................................................................

5 Elle a eu un enfant.

...................................................................................................

6 J'ai envoyé un courriel.

...................................................................................................

## Production orale

DELF **1** Imaginez une conversation téléphonique entre un de vos professeurs et votre père/mère. Choisissez la situation que vous préférez.

1 Votre professeur téléphone pour informer votre famille des excellents résultats que vous avez obtenus à l'occasion d'un concours. Il s'agissait de proposer des mesures pour rendre plus agréable la vie dans les villes.

2 Votre professeur téléphone pour signaler votre comportement qui dernièrement n'a pas été très correct. Vous avez en effet l'habitude d'arriver souvent en retard et vous ne semblez pas trop intéressé(e)s par la vie scolaire.

**1** Remettez dans l'ordre les phrases et écrivez le résumé de l'histoire.

**a** ☐ Ils décident donc de se rendre à la boucherie indiquée sur la boîte d'allumettes. Là-bas, il reconnaissent l'un des hommes mystérieux.

**b** ☐ La police remercie Bruno et Ludovic de leur aide.

**c** ☐ Bruno et Ludovic sont deux frères jumeaux qui passent leurs vacances dans le Périgord, chez leurs grands-parents.

**d** ☐ Un matin, pendant qu'ils vont à un rendez-vous avec leurs amis à la plage des saules pleureurs, ils aperçoivent quelque chose d'inquiétant : des individus bizarres sont en train d'enterrer quelque chose.

**e** ☐ Plus tard, en compagnie de leurs amis, ils découvrent avec horreur des traces de sang près du trou que les hommes viennent de creuser. Seul indice : une boîte d'allumettes retrouvée par hasard sur le lieu du crime et qui va peut-être les mettre sur les traces des assassins.

**f** ☐ La jeune femme disparue est retrouvée, mais les jeunes détectives poursuivent leur enquête et apprennent qu'un clochard est porté disparu depuis quelque temps.

**g** ☐ Les jeunes détectives se rendent donc à la police et les agents les invitent à être prudents.

**h** ☐ Mais quelques jours plus tard, les quatre amis découvrent un autre trou et encore du sang... ils se rendent de nouveau au commissariat.

**i** ☐ Le mystère se dénoue quand les deux frères lisent un article dans le journal.

**j** ☐ Le lendemain, ils apprennent qu'une jeune femme a disparu dans les environs. Est-ce que c'est elle la victime des assassins ?

**2** Cochez la bonne réponse.

**1** Bruno et Ludovic sont deux frères ...................... .

    **a** ☐ jumeaux.     **b** ☐ gémeaux.

**2** Ils ...................... leurs vacances d'été chez leurs grands-parents.

    **a** ☐ passent     **b** ☐ laissent

3   Ils ........................ tous les jours avec leurs amis.
   a ☐ sortent          b ☐ servent

4   Ils ........................ .
   a ☐ s'amusent.       b ☐ s'ennuient.

5   Un jour, ils ........................ des traces de sang suspectes.
   a ☐ voient           b ☐ font

6   Dans le champ, il y a ........................ .
   a ☐ un trou.         b ☐ une trousse.

7   Le seul indice qu'ils trouvent est ........................ .
   a ☐ un briquet.      b ☐ une boîte d'allumettes.

8   Après des recherches, les quatre amis se rendent ........................ .
   a ☐ dans une boucherie. b ☐ au supermarché.

9   Leur curiosité ........................ .
   a ☐ aide la police.  b ☐ entrave les recherches de la police.

10  Leurs grands-parents apprennent la vérité par un coup de fil
    ........................ .
   a ☐ de la police.    b ☐ des leurs petits-enfants.

**3** **Dites si les affirmations suivantes sont vraies (V) ou fausses (F).**

|  |  | V | F |
|---|---|---|---|
| 1 | Bruno, Ludovic et leurs amis aident la police à arrêter un tueur en série. | ☐ | ☐ |
| 2 | La jeune femme disparue est l'une des victimes de l'assassin. | ☐ | ☐ |
| 3 | La boîte d'allumettes ne représente pas un indice important. | ☐ | ☐ |
| 4 | Pour trouver des indices, les jeunes détectives se rendent aussi à la bibliothèque. | ☐ | ☐ |
| 5 | Les grands-parents des jumeaux sont au courant de l'enquête que leurs petits-enfants mènent. | ☐ | ☐ |

**4** Complétez le courriel que Bruno envoie à un ami parisien après la conclusion de son aventure avec les mots proposés.

détectives    grands-parents    nouvelles    retour
aventures    vacances    amis    histoire

Cher Philippe,

Voici enfin de mes 1 ........................... ! Je passe mes 2 ...........................
avec Albert chez nos 3 ..........................., comme tous les étés. Ici, nous
avons beaucoup d' 4 ........................... et nous nous amusons
beaucoup.
À mon 5 ..........................., je te raconte nos dernières 6 ........................... .
C'est incroyable ! Une véritable 7 ........................... policière... Tu sais,
nous sommes de vrais 8 ........................... !!!
À bientôt

　　　Bruno

**5** Testez vos connaissances ! Cochez la bonne réponse.

1   La Dordogne est          a  ☐  un département.
                             b  ☐  une grotte.
                             c  ☐  une spécialité gastronomique.

2   Le Périgord est situé    a  ☐  Sud-Est
    dans le                  b  ☐  Sud-Ouest    de la France.
                             c  ☐  Nord

3   Le Périgord peut être    a  ☐  deux
    divisé en                b  ☐  trois        parties.
                             c  ☐  quatre

4   Le chef-lieu du Périgord est   a  ☐  Bergerac.
                                   b  ☐  Périgueux.
                                   c  ☐  Sarlat.

5  À Périgueux, on trouve
a ☐ des vestiges romains.
b ☐ des grottes.
c ☐ des catacombes.

6  Une des spécialités gastronomiques du Périgord est
a ☐ la choucroute.
b ☐ le foie gras.
c ☐ le camembert.

7  Les grottes de Lascaux ont été peintes
a ☐ au Moyen Âge.
b ☐ à la préhistoire.
c ☐ à l'époque des Romains.

8  La découverte des grottes de Lascaux a lieu
a ☐ après de longues recherches.
b ☐ par hasard.
c ☐ après un éboulement du terrain.

9  Aujourd'hui, les touristes peuvent admirer
a ☐ la grotte originale.
b ☐ une copie de la grotte.
c ☐ seulement des photos de la grotte.

10  Les grottes de Lascaux se trouvent dans la vallée de la
a ☐ Vézère.
b ☐ Vesunna.
c ☐ Durance.

11  Les grottes de Lascaux ont été découvertes en
a ☐ 1950.
b ☐ 1940.
c ☐ 1970.

12  Les peintures des grottes représentent
a ☐ des dessins géométriques.
b ☐ des animaux et des dessins géométriques.
c ☐ des hommes et des femmes.